Q&A 保証の新実務

弁護士 児島幸良 | 弁護士 北川展子 | 弁護士 寶田圭介 [著]

一般社団法人金融財政事情研究会

はしがき

令和２年４月１日に民法の一部を改正する法律（平成29年法律第44号）が施行され、いわゆる債権法改正が世の中に適用されることになりました。

本書は、保証に関する今回の改正の全体像を簡単に紹介した上で、この改正が金融機関をはじめとする債権者の実務にどのような影響を与えるのか、そしてそれに対する合理的な実務対応のポイントはどこにあるのかに焦点を当てて、Q&A形式でできるだけかみ砕いた解説を試みるものです。

本書は、改正法の新しいルールの下で保証に関する実務に携わる金融機関等の現場担当者の皆様のための、保証分野に特化したガイドブックです。そのような企画の性質上、設問は多くの金融機関や業界団体から講演会等においてご質問が多かった改正ポイントを参考に作成しています。

改正後の新たな条文を裁判所がどのように解釈・適用するのかについては、見通せない部分も少なくありません。しかしながら、これを見極める前に、金融機関等においては、業務マニュアルや規程類等を改訂し、施行に際して社内研修を一旦完了する必要があります。その意味では、本書中の解説もあくまで今後の実務の運用をにらみながらの暫定的なものにならざるを得ませんが、実務運用を踏まえてアップデートしていきたいと思います。

本書が、金融機関の現場担当者をはじめとする一人でも多くの方々の日々の実務に役立つことを願っています。

なお、本書中に記載の意見や解釈にわたる部分は、著者らの所属する法律事務所や大学その他の団体の見解ではないことを念のため付言いたします。

令和２年４月吉日

著者を代表して

児島　幸良

【著者略歴】

■ 児島　幸良

（児島綜合法律事務所代表弁護士、京都大学法科大学院フェロー、早稲田大学大学院法務研究科客員教授、同志社大学大学院司法研究科ビジネス法務教育スーパーバイザー）

2002年Harvard Law School卒業。2003年金融庁総務企画局課長補佐。2010年日本証券業協会外務員等規律委員会委員。

■ 北川　展子

（琴平綜合法律事務所パートナー）

1995年明治大学大学院法学研究科修士課程修了。2003年金融庁監督局課長補佐。2014年日本証券業協会法務参事（現任）。2015年高知銀行社外取締役（現任）。

■ 寶田　圭介

（琴平綜合法律事務所アソシエイト）

2011年九州大学法学部卒業。2013年東京大学法科大学院修了。

凡　例

○新法　民法の一部を改正する法律（平成29年法律第44号）による改正後の民法

○改正前民法　民法の一部を改正する法律（平成29年法律第44号）による改正前の民法

○保証ＱＡ　筒井健夫ほか『Ｑ＆Ａ改正債権法と保証実務』（金融財政事情研究会、2019年）

○通達　民法の一部を改正する法律の施行に伴う公証事務の取扱いについて（令和元年６月24日法務省民総第190号民事局長通達）

目　次

Q 1 新法においては保証業務に関係するものとしてどのような改正が行われたか

保証業務に関係するものとしては、主に個人保証の制限と契約の各段階における情報提供義務についての改正が行われました。

解説

民法の一部を改正する法律（平成29年法律第44号）が令和2年4月1日に施行され、保証に関して新しいルールが導入されました。

保証については、融資実務上の影響が特に大きいものとして、個人保証の制限とその例外（新法465条の6～465条の9）、情報提供義務（新法458条の2、458条の3、465条の10）が規定されました。前者の規定により、一定の要件に該当する保証契約について、保証意思宣明公正証書の作成が必要となりました。また、後者の規定により、保証契約の主債務者や債権者が新たに情報提供義務を負うことになりました。また、連帯債務については、相対的効力の原則（新法441条）は維持した上で、連帯債務の絶対的効力事由が削減されました。

そのほかには、保証債務の付従性（新法448条）、主債務者の有する抗弁（新法457条）、連帯保証人について生じた事由の効力（新法458条）、事前求償・事後求償の範囲（新法459条・460条）、根保証（新法465条の２～465条の５）についても改正がされました。

Q 2　保証に関して新設される情報提供義務はどのようなものか

新法では、保証に関して主債務者や債権者に新たに①契約締結時、②主債務の期限の利益喪失時、③保証人からの請求時に所定の情報を提供する義務を課す規定が新設されています。

解説

①　契約締結時

事業のための債務は多額になりやすく、個人保証人の大きな負担となり得ます。そのため、保証人となる者が契約締結時に主債務者の財産や収支の状況等を把握することが、保証債務の履行を現実に求められるリスクの検討に資するとの観点から、保証契約締結時には、事業のための債務について委託をする個人の保証予定者に対して主債務者は、①主債務者の財産と収支の状況、②主債務以外に負担している債務の有無や額と履行状況、③主債務の担保としてほかに提供（しようと）するものについての情報を提供することが求められます。

なお、主債務者が説明を行わずまたは誤った説明を行い、債権者がそのことについて知りまたは知ることができたときには、保証契約の取消しが可能となります。

②　主債務の期限の利益喪失時

日々発生する遅延損害金は当初の想定以上に多額となりやすく、個人保証人の大きな負担となり得ます。そのため、早期の支払をすることで多額の遅延損害金の発生を防ぐことを可能にするとの観点から、主債務の期限の利益喪失時には、債権者は個人保証人に対して、主債務の期限の利益の喪失についての情報を提供する義務を負います。

なお、この義務に違反した場合、債権者は通知までの遅延損害金の請求ができなくなります。

③　保証人からの請求時

保証人が長期間にわたって主債務についての不履行を知らないで、遅延損害金が積み重なって多額の履行を求められるという結果を避けるため、保証人からの請求時には、債権者は委託を受けた保証人（個人・法人を問わない）に対して主債務の元本、利息、違約金等の不履行の有無と残額（弁済期が到来しているものの額を含む）についての情報を提供することが求められます。

Q3 根保証についての改正で実務対応はどのように変わるのか

個人貸金等根保証契約以外の個人根保証契約にも、極度額や一定の元本確定事由の規律が適用されることになりましたので、適用対象となった契約の種類に応じて、保証約定書等の記載方法やそれに合わせた事務フローの見直しが必要となります。

解説

個人貸金等根保証契約以外で、極度額や一定の元本確定事由の規律が適用される個人根保証契約には、不動産の賃借人が賃貸借契約に基づいて負担する債務の一切を個人が保証する保証契約、代理店等を含めた取引先企業の代表者との間で損害賠償債務や取引債務等を保証する保証契約、介護等の施設への入居者の負う各種債務を保証する保証契約、デリバティブ、為替予約、継続的売買取引に係る根保証契約などが含まれます。

これらの根保証契約の締結の時点で極度額として確定的な金額を書面または電磁的記録上に定めておかなければならず、また、①債権者が、保証人の財産について、金銭の支払を目的とする債権についての強制執行または担保権の実行を申し立てたとき、②保証人が破産手続開始の決定を受けたとき、③主債務者または保証人が死亡したときには、元本が確定することになります。

なお、個人貸金等根保証契約については、元本確定期日に関する制限がありますが、個人貸金等根保証契約以外の個人根保証契約については制限がなく、両者の制限には違いがあることに留意が必要です。

Q 4 契約更新の場合に新法の適用はどうなるか

施行日前に締結された契約が、施行日以後に当事者間の合意に基づき更新された場合には原則として新法が適用されます。

解説

新法の施行日以後に当事者間の合意に基づく更新が行われる場合には、①契約期間が満了するたびに改めて更新の合意をするケースだけでなく、②期間満了前に両当事者のいずれかが異議を述べない限り、（満了までに契約を終了させない不作為があって、更新の合意があったと評価されるため）自動的に契約更新されるケースも含まれます。いずれについても、新法の施行日以後に新たに保証契約を締結した場合と区別する必要はなく、新法が適用されます（保証ＱＡ169頁）。

他方、一般に、賃貸借契約に付随して締結された保証契約については、賃貸借契約が合意更新されたときには、その保証契約は更新後の賃貸借契約によって生ずる債務も保証するのが通常と解されており、賃貸借契約の更新に当たって、新たな保証契約が締結されるわけではありません。そのため、このような場合には、当該保証契約に新法は適用されません。ただし、施行日（令和２年４月１日）以後、賃貸借契約の合意更新に伴い、①保証契約が新たに締結されるケース、②合意によって保証契約が更新されるケースでは、保証契約につき新法が適用されます。新法が適用されることになれば、その中の個人根保証に関する規定も適用されることとなり、旧法下における賃貸借契約に付随する保証契約は、新法下では、極度額の定めのない個人根保証契約として無効となるリスクがあります。

Q 5 個人保証の制限に関する改正はどのようなものか

事業のために負担した貸金等債務を主債務の全部または一部とする（根）保証契約は、契約締結前1か月以内に、保証予定者（法人保証人は対象外）が、公正証書で、保証債務を履行する意思を表示していなければ原則として無効となります。

例外として、①経営者保証（理事、取締役、執行役またはこれらに準ずる者）、②主債務者法人の総議決権の過半数を有する者またはこれに準ずる者、③主債務者個人の共同事業者、④主債務者個人が行う事業に現に従事する主債務者の配偶者については、上記の手続（保証意思宣明公正証書の作成）を要しません。

解説

個人保証の制限に関する改正について、融資実務では以下の点に留意する必要があります。

まず、保証意思宣明公正証書を作成する場合（原則）についてです。新法465条の6は「事業のために負担した（する）貸金等債務」について、個人が保証契約または根保証契約を締結するときには、原則としてあらかじめ保証意思宣明公正証書を作成しなければ、保証契約は効力を生じないと規定しました。ここにいう「事業のために負担した（する）貸金等債務」には、いわゆるアパートローンも該当するため、保証契約締結の日前1か月以内に保証意思宣明公正証書の作成が必要となります。なお、事業のための貸金等債務を主債務とする（根）保証契約の保証人の求償権に係る債務を主債務とする（根）保証契約についても同様です。

また、保証意思宣明公正証書には、執行認諾文言を付すことができません。保証意思宣明公正証書は、保証契約とは別に作成されるものであり、民事執行法上の執行証書となるものではないからです。実務では、この点にも留意した対応が求められます。

次に、保証意思宣明公正証書の作成を要しない場合（例外）についてです。

前頁で述べた例外のうち、「①経営者保証（理事、取締役、執行役またはこれらに準ずる者）」にいう、「これらに準ずる者」とは、法律上正式に法人の重要な業務執行を決定する機関またはその構成員の地位にある者をいい、例えば、持分会社の業務執行社員や、法人でない社団または財団の代表者または管理人などが想定されています。

「③主債務者個人の共同事業者」にいう「共同事業者」とは、組合契約など事業を共同で行う契約などが存在し、それぞれが事業の遂行に関与する権利を有するとともに、その事業によって生じた利益の分配がされるなど事業の成功・失敗に直接的な利害関係を有する者をいいます。

「④主債務者個人が行う事業に現に従事する主債務者の配偶者」にいう「現に従事する」に該当するか否かの検討に当たっては、「保証債務の履行を現実に求められるリスク判断ができるか否か」を実質的メルクマールとすることが考えられます。

Q 6 「事業のために負担した（する）貸金等債務」とは何か

「事業」とは、一定の目的をもってされる同種の行為の反復継続的遂行をいい、「貸金等債務」とは、「金銭の貸渡し又は手形の割引を受けることによって負担する債務」（新法465条の３第１項）をいいます。

解説

新法465条の６第１項は、個人（保証予定者）が、「事業のために負担した貸金等債務を主たる債務とする保証契約」または「主たる債務の範囲に事業のために負担する貸金等債務が含まれる根保証契約」を締結するに先立ち、その締結の日前１か月以内に作成された公正証書で保証債務を履行する意思を表示していなければ、保証の効力を生じないと規定しています。

ここでいう「事業」は、一定の目的をもってされる同種の行為の反復継続的遂行をいい（保証ＱＡ98頁）、営利性は要件とされていません。

したがって、製造業における工場建設資金や原材料の仕入れなどに要するいわゆる運転資金など、典型的な事業用資金の金銭消費貸借契約や賃貸を目的とした不動産購入費用だけでなく、売電目的にて設置した太陽光発電設備を有する住宅の取得資金などを資金使途とする金銭消費貸借契約も、「事業のために負担した貸金等債務」に該当する可能性があります。

なお、「事業のために負担した貸金等債務」とは、他者の事業ではなく借主が自らの事業に用いるために負担した貸金等債務を意味するとされています（保証ＱＡ111頁）ので留意が必要です。

また、ここでいう貸金等債務は、「金銭の貸渡し又は手形の割引を受けることによって負担する債務」と定義されています（新法465条の３第１項）。

そのため、例えば、売買契約における代金支払債務を主債務とする保証契約や、請負工事に関する損害賠償請求権を主債務とする保証契約については、新法465条の６は適用されません。

Q 7 対象建物の一部に店舗がある住宅ローンの場合、「事業のために負担した貸金等債務」に該当し、保証意思宣明公正証書の作成は必要か。対象建物全体に占める店舗割合が少なくても同様か

店舗部分の面積が占める割合のいかんにかかわらず必要です。

解説

保証ＱＡ98・99頁は、「一個の貸金等債務に複数の目的があり、事業目的だけでなく、他の目的も認められるという場合であっても、その貸金等債務は、事業目的という一面を有する以上、……全体として『事業のために負担した（する）貸金等債務』というほかない」とし、「事業と居住の双方に用いるために一個の不動産を購入するために消費貸借契約を締結した場合において、事業に用いる割合が居住に用いる割合と比較して小さいケースにおいても変わりがなく、一部でも事業目的があると認定されれば、その貸金等債務は全体として事業のために負担したものというほかない」としています。

この考え方に従えば、対象建物の一部に店舗がある住宅ローンについては、対象建物全体に占める店舗の割合など

のいかんにかかわらず、全体として「事業のために負担した貸金等債務」に該当し、保証意思宣明公正証書の作成が必要です。

Q 8 店舗等兼住宅を建築することを目的とする住宅ローンにおいて、店舗部分・賃貸部分と住宅部分とを二口の融資に分けることはできないか。例えば、店舗部分・賃貸部分の融資は無保証としつつ、住宅部分の融資では連帯保証人を徴求することはできるか

両部分の区別が可能なら契約を別にすることも契約自由の原則から通常はできると考えられます。

解説

「事業」とは、一定の目的をもってされる同種の行為の反復継続的遂行をいい、「事業のために負担した（する）貸金等債務」とは、借主が借り入れた金銭等を自らの事業に用いるために負担した貸金等債務を意味します（保証ＱＡ98、111頁）。

店舗部分・賃貸部分の建築資金の借入金は「事業のために負担した貸金等債務」であり、民法の解釈上、資金の使途に「事業」性が含まれる場合には、当該貸金等債務全部が「事業のために負担した」と解釈されます。

ただ、両部分の区別が可能であれば、店舗部分・賃貸部分の建築資金の金銭消費貸借契約と、住宅部分の建築資金

の金銭消費貸借契約との二つの契約に分けて契約をすることも契約自由の原則から通常はできると考えられます。

　ただし、両部分の区別が明確でなく、契約を二つに分けることが新法の適用を潜脱する目的で行われていると認定された場合には、保証の効力が認められないおそれもありますので、契約を別にする合理性も慎重に検討しておく必要があります。

Q 9 売電目的の太陽光発電設備付きの住宅ローンでは配偶者から保証をどのように取ればよいか

配偶者について新法465条の 6 に従い保証意思宣明公正証書を作成して保証を取るのが本来ですが、太陽光発電に要する費用のローン契約とそれ以外の費用のローン契約とに分けた上で、後者についてのみ配偶者を（保証意思宣明公正証書を作成せずに）保証人に取ることも考えられます。

解説

太陽光発電による売電は、「一定の目的をもってされる同種の行為の反復継続的遂行」で、「事業」に該当すると考えられ、その場合、売電目的の太陽光発電設備付きの住宅ローンについても新法465条の 6 が適用される可能性があります。

このような住宅ローンについて配偶者を保証人とする場合、配偶者が新法465条の 9 に規定される適用除外に該当するかを検討する必要がありますが、こうした売電目的での太陽光発電について、何をもって新法465条の 9 に規定される「現に従事している」や「共同して事業を行う」と評価できるのか現時点では具体的に明らかではありません。

そこで、配偶者について新法465条の6に従い保証意思宣明公正証書を作成するのが安全です。

この点、太陽光発電に要する費用のローン契約とそれ以外の費用のローン契約とに分けた上で、太陽光発電に要する費用のローン契約については保証人を付さないで、それ以外の費用のローン契約についてのみ配偶者を（保証意思宣明公正証書を作成せずに）保証人に取る対応も考えられます。ただし、Q8で述べたとおり、新法465条の6の潜脱であると認定されてしまうリスクもないとは言い切れず注意が必要です。

Q10 発電量が10kW以下の売電を目的としない太陽光発電設備付きの住宅ローンの連帯保証人については、家庭用（非事業性）として保証意思宣明公正証書の作成は不要か

住宅資金が事業性資金として提供されているか否かに基づき保証意思宣明公正証書の要否を検討する必要があります。

通常、設問のような事例では事業性債務と判断される可能性は低いと考えられます。ただし、貸付け等の基礎とされた事情によっては、事業性債務と捉えられる可能性があることも否定はできません。そのため、現状では、事業性債務として保証意思宣明公正証書を作成するのが安全と考えられます。

現時点では確たる考え方はないところであり、引き続き実務や裁判例の動向を注視する必要があります。

解説

「事業」とは、一定の目的をもってされる同種の行為の反復継続的遂行をいうとされています（保証ＱＡ98頁）。融資金が主として自己使用目的の太陽光発電設備に割り当てられ、付随的に余剰電力買取制度を利用するにすぎない場

合でも、貸付け等の基礎とされた事情次第では、余剰電力を売却する目的で発電を反復継続するための設備の購入費用と捉えられ、事業性債務に該当する可能性もないとはいえません。そのため、当面の実務対応としては、事業性債務として扱う方が安全と考えられます。

Q11 社会福祉法人などの非営利法人への融資に個人の保証人を取る場合、保証意思宣明公正証書の作成は必要か

非営利法人への融資についての保証であっても、融資の目的が「事業のため」であるときには、保証意思宣明公正証書の作成が必要です。

解説

新法465条の６の「事業のために負担した貸金等債務」にいう「事業」とは、一定の目的をもってされる同種の行為の反復継続的遂行をいいます（保証ＱＡ98頁）。

事業に該当するために営利性は要件とされていないため、社会福祉法人や一般財団法人などの非営利法人に対する貸付けであっても、その目的が「一定の目的をもってされる同種の行為の反復継続的遂行」のための資金である場合には、事業のために負担した貸金等債務に該当することとなり、保証意思宣明公正証書の作成が必要です。

Q12 保証意思宣明公正証書を作成する必要がないのは、どのような場合か

保証予定者が、以下のいずれかに該当する場合、保証意思宣明公正証書は不要です。

① 法人

② 主債務者が法人である場合のその理事、取締役、執行役またはこれらに準ずる者

③ 主債務者が法人である場合の次に掲げる者

イ 主債務者の総株主の議決権の過半数を有する者

ロ 主債務者の総株主の議決権の過半数を他の株式会社が有する場合における当該他の株式会社の総株主の議決権の過半数を有する者

ハ 主債務者の総株主の議決権の過半数を他の株式会社と当該他の株式会社の総株主の議決権の過半数を有する者が有する場合における当該他の株式会社の総株主の議決権の過半数を有する者

ニ 株式会社以外の法人が主債務者である場合におけるイ、ロまたはハに掲げる者に準ずる者

④ 主債務者が個人である場合の次に掲げる者

イ 主債務者と共同して事業を行う者（共同事業者）

ロ 主債務者が行う事業に現に従事している主債務

者の配偶者

解説

(1)　主債務者が法人である場合のその理事、取締役、執行役またはこれらに準ずる者

これらの者は法的にその地位にある者をいい、事実上これらの業務を行っているにすぎない者は該当しません。また、「これらに準ずる者」とは、株式会社や一般社団法人以外の各種の法人において、理事、取締役等と同様に、法人の重要な業務執行を決定する機関またはその構成員の地位にある者をいい、例えば、宗教法人における責任役員や持分会社における業務執行社員などが該当します。事実上これらの業務を行っているにすぎない者は含まれません(保証ＱＡ138頁、140頁)。

(2)　主債務者が法人である場合の総株主の議決権の過半数を有する者等

③のロとハについて、図にすると次図のような関係となります。

(3)　主債務者が個人である場合の共同事業者と配偶者

イ　共同事業者

共同事業者とは、「事業を共同で行う契約などが存在し、それぞれが事業の遂行に関与する権利を有するとともに、その事業によって生じた利益の分配がされるなど事業の成

ロ

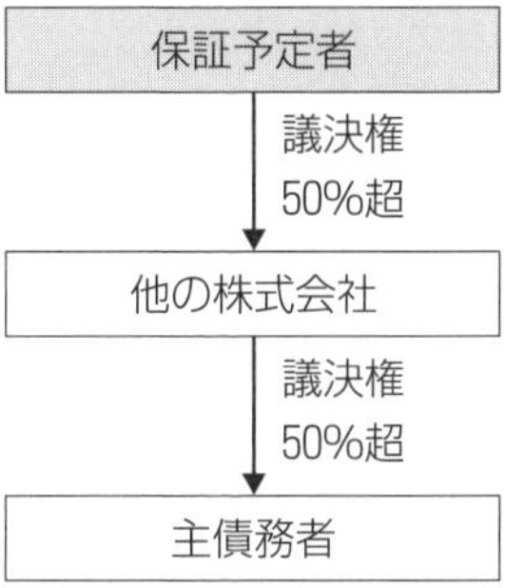

ハ

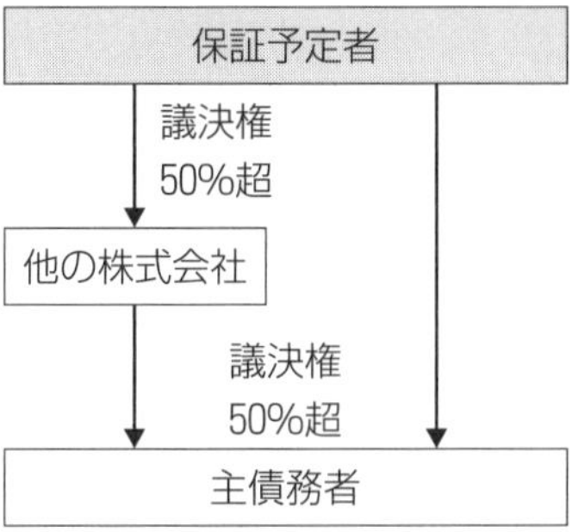

功・失敗に直接的な利害関係を有する場合を指す」とされていま す(保証ＱＡ148頁)。

ロ　配 偶 者

　ここにいう配偶者とは、法律上の配偶者であって、個人である主債務者の「事業に現に従事している」ことが必要です。現に従事しているといえるためには、実際に従事していることが必要であり、単に確定申告等の書類上その事業から報酬を受領しているだけでは足りません(保証ＱＡ151頁)。

Q13 主債務者が法人である場合において、その取締役に該当し、保証意思宣明公正証書を作成する必要がないことをどのように確認して記録に残せばよいか

取締役であることについては登記事項証明書で確認し、保証予定者と登記事項証明書上に取締役として記載されている人物との同一性は、運転免許証などの身分証明書類で確認する必要があります。

解説

取締役であることについては、原則として登記事項証明書によって確認することになると考えますが、登記が完了していないなどの事情がある場合には、取締役に選任された際の株主総会議事録で確認することも考えられます。

これに加えて、登記事項証明書上に記載されている人物と保証予定者との同一性を、運転免許証やパスポートその他の身分証明書類で確認し、記録に残すべきと考えられます。

Q14 主債務者が法人である場合において、その役員に該当し、保証意思宣明公正証書を作成する必要がないことの確認は、新規融資案件や条件変更のたびに登記事項証明書で行わなければならないか。
また、代表者の場合は、（借入れのたびに代表者であることの確認をすることは事務が煩雑になるため）保証契約を締結する際に確認し、その後は代表者であることに変わりがないことを口頭確認して記録にとどめる対応でよいか

債権者の業務効率とリスク許容度により判断することになります。

解説

保証予定者が、主債務者が法人である場合のその理事、取締役、執行役またはこれらに準ずる者に該当する場合には、保証意思宣明公正証書を作成する必要はありません。

ここでいう取締役とは、法律上正式にその地位にある者をいい、事実上、その役割を代行している者は含まれません（保証ＱＡ138頁）。

仮に、適用除外に該当しない個人との間で、保証意思宣

明公正証書を作成せずに事業に関する融資について保証契約を締結した場合には、債権者の善意悪意、過失の有無にかかわらず、保証契約は無効です。そのため、適用除外に該当するか否かの判断は慎重に行う必要があり、単に口頭で確認するだけでなく、裏付けとなる資料の提出を受けて確認をすべきです。

もっとも、保証契約締結前一定期間内の登記事項証明書の提出を受けて確認したところ取締役として記載があっても、その後の辞任などにより保証契約締結時点ではもはやその地位にない可能性もあり、登記事項証明書を確認したとしてもリスクが全くなくなるわけではありません。

一方、顧客との信頼関係や利便性といった営業上の観点からすれば、継続的に取引のある顧客に対し、融資の都度、代表者であることを確認するため直近の登記事項証明書の提出を求めることは、顧客に負担をかけることになり望ましくない場合もあるでしょう。

一般に継続的に取引関係のある事業者については取引約定書等を締結し、その条項中や個別の金銭消費貸借契約の中で、代表者の変更があった場合には顧客は債権者に対してその旨を届け出ることを約定していて、通常、それに従って届出がなされているものと考えられます。また、継続的に取引関係のある事業者であれば、仮に届出を失念している場合であっても、通常業務の中で債権者も代表者の交代については気付くことができる可能性が高いと考えられます。万一、債務者が故意に届け出ず、保証意思宣明公正証書を作成しなかったために保証契約が無効となるなどした場合には、代表者として振る舞った者や債務者に対して損害賠償請求することも考えられます。

以上のことからすれば、営業上の配慮と、保証の効力が認められない場合のリスクとを勘案して、代表者以外の取締役については保証契約締結の都度、登記事項証明書の提出を求めるものの、継続的な取引のある法人の代表者については、疑義がある場合を除き口頭での申告で対応することも経営判断としてはあり得ると考えられます。

Q15 主債務者の総議決権の過半数を有する者に該当し、保証意思宣明公正証書を作成する必要がない場合、そのことをどのように確認して記録に残せばよいか

総議決権の過半数を有する者であることの確認は株主名簿のほか、中小企業では、法人税申告書の別表2での確認によることも一案です。ただし、保証予定者と同書面に記載された人物との同一性は、運転免許証などの身分証明書類で確認する必要があります。

解説

本来、株主か否かは株主名簿により確認すべきです。もっとも、中小零細企業においては株主名簿が整備されていないこともあります。このような場合、法人税申告書の別表2は、税務署へ提出する書類であり、一定の信用性が確保された資料といえるので、同別表2を総議決権の過半数を有する者であることを確認する根拠資料の一つとし、債務者と総議決権の過半数を有する者の表明保証を得て確認し記録することも一案です。

ただし、同別表2は、株主名簿と異なり、株主であることを証する法的な効力を有する帳票ではありませんので、実際の株主と同別表2記載の株主とが相違していた場合に

は、保証意思宣明公正証書を作成しないまま締結した保証契約が無効となるおそれがあります。このことを認識した上で、保証予定者本人への確認を併用して慎重に見極める必要があります。

Q16 主債務者が個人である場合においてその共同事業者に該当し、保証意思宣明公正証書を作成する必要がないことをどのような資料で確認し記録に残せばよいか

「事業に現に従事する配偶者」の確認方法と同様、表明保証と客観的資料の収集により確認し記録することになります。判断に迷う場合には保証意思宣明公正証書を作成することが安全と考えられます。

解説

主債務者が個人である場合の共同事業者とは、組合契約など事業を共同で行う契約などが存在し、それぞれが①事業の遂行に関与する権利（業務執行権）を有するとともに、②その事業によって生じた利益の分配がされるなど事業の成功・失敗に直接的な利害関係（利害関係）を有する場合を指し、具体的な例としては、友人や知人が共同でカフェ等の飲食店等を経営する場合や、複数の弁護士、税理士等が共同で事務所等を経営する場合が想定されています（保証ＱＡ148頁）。

客観的資料としては、共同事業者であること、すなわち、上記の①事業に関する業務執行権と、②利害関係とを

証明する資料を確認し記録する必要があります。具体的には債務者と共同事業者との間で締結された共同事業契約書等の提出を受け、①と②が規定されているかを確認することが望ましいと思われますが、このような資料がなく、判断に迷う場合には保証意思宣明公正証書の作成を検討することが安全と考えられます。

Q17 「主債務者が行う事業に現に従事している主債務者の配偶者」をどのような基準で判断すべきか

まず、戸籍や住民票といった公的書類により配偶者であることを確認し、次に主債務者が行う事業に現に従事していることに関する資料の提出を受けるとともに、配偶者の従事の状況を現認しその内容を報告書とするなど、客観的な証拠により個別に判断することになります。

解説

まず、戸籍等により、保証予定者が法律上の「配偶者」であることを確認するべきです。

次に、保証予定者が、「主債務者が行う事業に現に従事している」ことの裏付資料を、保証予定者または主債務者から提出してもらうとともに、債権者の現場担当者自身も、配偶者の従事の状況を現認しその内容を報告書等として残すなど、可能な限り客観的な証拠を集めるべきです。

新法465条の9が「主たる債務者が行う事業に現に従事している主たる債務者の配偶者」を新法465条の6の適用除外としている実質的な理由は、保証人としての責任を追及されることの実際のリスクがどの程度あるかについて、日頃の事業への実際の従事を通じて具体的に予測し覚悟できる状態にある配偶者であれば、保証意思宣明公正証書の作成を通じて公証人がそのような予測と覚悟を確認しなくても、保証予定者の保護に欠けることにはならないというところにあります。そうであるとすると、「現に従事している」といえるためには、保証人としての責任を追及されることの実際のリスクについて具体的に予測し覚悟できる状態にあることが必要であり、給与支払や税務関係書類上の給与支払の記載がされているだけでは足りません。また、週に数回職場の清掃などを手伝っていたが経営状態は全く知らないなどといった場合も「現に従事している」とはいえないと思われます。

「現に従事している」といえないことが後日明らかになれば、あらかじめ保証予定者から「現に従事している」旨を表明し保証してもらっていた場合であっても、保証契約は効力が認められないことになります。「現に従事している」といえるか否か不明確な配偶者については、保証意思宣明公正証書を作成した上で保証契約を締結するか、または、そもそも保証人としないなど慎重な対応が必要です。

なお、主債務者が法人であって、その代表者ではない場合には、代表者の配偶者は「主債務者」の「配偶者」ではありませんので、保証人にするには（「現に従事している」か否かを検討するまでもなく）保証意思宣明公正証書の作成が必要になることに注意してください。

Q18 保証意思宣明公正証書の適用除外に当たる保証予定者であることの表明保証は、どのように取得すればよいか

以下の解説に記載の条項を保証契約書に設けたり、表明保証書の提出を別途受けたりすることが考えられます。

解説

表明保証として、例えば、以下のような条項を保証契約書に設けることが考えられます。

「1　個人である保証人は、貸付人に対し、本保証契約締結日において、保証人が以下の民法第465条の９に定める者のいずれかに該当することを表明および保証します。

①　主債務者が法人である場合のその理事、取締役、執行役またはこれらに準ずる者

②　主債務者が法人である場合の次に掲げる者

イ　主債務者の総株主の議決権の過半数を有する者

ロ　主債務者の総株主の議決権の過半数を他の株式会社が有する場合における当該他の株式会社の総株主の議決権の過半数を有する者

ハ　主債務者の総株主の議決権の過半数を他の株式

会社と当該他の株式会社の総株主の議決権の過半数を有する者が有する場合における当該他の株式会社の総株主の議決権の過半数を有する者

二　株式会社以外の法人が主債務者である場合におけるイ、ロまたはハに掲げる者に準ずる者

③　主債務者が個人である場合の次に掲げる者

イ　主債務者と共同して事業を行う者

ロ　主債務者が行う事業に現に従事している主債務者の配偶者

2　前項の表明および保証に誤りがありまたは不正確であったことが判明した場合には、保証人は貸付人が被った一切の損害、損失、費用等を賠償し、補償する。また、その場合、債務者は、貸付人が適当と認める担保を提供し、または保証人をたてるものとします。」

Q19 保証に関する新法下の新たな規制と、経営者保証ガイドライン等とを社内でどのように位置づければよいか

まず経営者保証ガイドラインや金融庁の各種監督指針に則した社内規定により、保証契約を徴求することの適切性を判断します。適切という判断になれば、保証に関する新法下の新たな規制を遵守して保証契約を実際に締結するという関係に位置づければよいと思われます。

解説

経営者保証に関するガイドライン研究会の定める「経営者保証に関するガイドライン」は、中小企業金融での経営者保証について、合理性が認められる保証契約の在り方等を示すとともに、主債務の整理局面における保証債務の整理を公正かつ迅速に行うための準則を定めることで、経営者保証の弊害を解消することなどを目的として定められたものです。これと併せて、「主要行等向けの総合的な監督指針」や「中小・地域金融機関向けの総合的な監督指針」は、金融機関に対し、「個人連帯保証契約については、経営者以外の第三者の個人連帯保証を求めないことを原則とする方針を定め」ることを求めています。

新法は事業のために負担する債務について保証契約等を

締結する際に必要な手続を定めたものであり、保証契約を締結することそのものの適切性について要件等を定めているものではありません。

そのため、金融機関は、まず同ガイドラインや上記各種監督指針に則して策定した社内規定に従って、保証契約を締結するか否かの判断を行った上で、保証契約締結が適切と判断した場合には、新法に従い、保証予定者の属性に従った手続を経て保証契約を実際に締結することになります。

なお、同ガイドラインにいう保証契約の保証人と、新法465条の9に定める例外に該当する者との間には、次のような違いがあります。

<table>
<tr><th>経営者保証に関するガイドラインにおける保証契約の保証人</th><th>保証意思宣明公正証書作成対象の例外への該当性</th></tr>
<tr><td>保証人が個人であり、主債務者である中小企業の経営者であること</td><td>主債務者が中小企業であることの限定なし</td></tr>
<tr><td>実質的な経営権を有している者</td><td rowspan="2">例外に該当せず。総議決権の過半数を有する者や法律上の取締役等であることが必要</td></tr>
<tr><td>営業許可名義人</td></tr>
<tr><td>経営者の配偶者（当該経営者と共に当該事業に従事する配偶者に限る）</td><td>主債務者（個人）の配偶者が主債務者の事業に現に従事している場合のみ例外に該当</td></tr>
<tr><td>経営者の健康上の理由のため保証人となる、事業承継予定者</td><td>主債務者（個人）の共同事業者に該当する場合のみ例外に該当</td></tr>
</table>

Q20 土地建物・預金等の担保提供者（物上保証人）については、保証意思宣明公正証書作成義務や契約締結時の情報提供義務は発生しないか

発生しません。

解説

新法465条の6は「事業のために負担した貸金等債務を主たる債務とする保証契約」等を締結する際に、保証意思宣明公正証書の作成を義務付けています。

また、新法465条の10は「事業のために負担する債務を主たる債務とする保証」等を委託する際に、契約締結時の情報提供を義務付けています。

これらにいう「保証」とは新法446条以降に規定する保証をいい、物上保証は含まれていません。したがって、物上保証人にはそれらの義務は発生しません。ただし、物上保証人兼保証人になっている場合もあり、実務上注意が必要です。

Q21 保証意思宣明公正証書は、いつ、どこで作成するのか。代理人による口授は可能か

保証契約締結の日前1か月以内に原則として公証役場で作成します。代理人による口授は認められていません。

解説

新法では保証契約の締結の日前1か月以内に作成された公正証書で保証意思を宣明することを求めています（新法465条の6第1項）。1か月を超えた場合には保証意思宣明公正証書を作り直す必要があります。

保証意思宣明公正証書は、保証予定者が、新法に定められた事項を公証人の面前で口授し、公証人が保証予定者に保証意思があることを確認した上で作成されます。保証意思宣明公正証書を作成することは、保証予定者や債権者の居住地に限らずどこの公証役場でも可能です。

なお、保証予定者が病気などにより公証役場に行くことが著しく困難な場合には、例外として公証人が病院や保証予定者宅に出向いて手続を行うこともあり得ます（保証ＱＡ21頁）。ただし、主債務者や債権者の事務所・自宅で手続を行うことは問題があると考えられています。

　また、保証予定者が海外に居住している場合であっても、準拠法が日本法である限り、通常の場合と同様に公証役場で口授することが予定されています。
　保証意思宣明公正証書作成に当たっての口授は本人が行うべきとされており、代理人が口授することはできません。保証予定者が成年被後見人その他の制限行為能力者であっても、口授は保証予定者本人が行う必要があります。

Q22 保証意思宣明公正証書作成までの手続の流れはどのようなものか。また、手数料はいくらか

保証意思宣明公正証書作成までの手続の流れは、48頁の図表2のようになります。また、手数料は保証意思の表示1件につき11000円です。

解説

(1) 保証意思宣明公正証書作成の流れ

保証意思宣明公正証書を作成することになった場合、まず、保証予定者が公証役場に公正証書の作成を嘱託します。その後、作成日当日までに、公証人との間で公正証書に記載する内容に関する情報（書面）のやり取りをして、公証人が公正証書の案を作成できるよう準備をします。

具体的には、法定口授事項を記載した保証意思宣明書（46・47頁の図表1）を作成し、必要に応じ、その内容を説明する資料と共に公証人に対して事前提供することになります。

(2) 手数料

手数料は保証意思の表示1件につき一律11000円です。公証人に対しては、保証意思宣明公正証書の作成手続が完了した時点で、保証予定者が支払うことになりますが、当

事者の合意により最終的な負担者を主債務者とすることも考えられます。

保証意思宣明公正証書は保証予定者ごとに別個に作成することとされています。したがって、同じ保証予定者が複数の保証契約を締結しようとする場合には、保証契約ごとに各1通の保証意思宣明公正証書を作成することも、一括して1通の保証意思宣明公正証書にまとめることも可能ですが、保証意思宣明公正証書を1通にまとめても、費用は保証契約の数だけかかることになります。

図表1　保証意思宣明書（通常保証用・根保証用）

（通常保証用）

保 証 意 思 宣 明 書

貴方が、これからしようとしている保証契約について、以下のことをお答え下さい。

1　当事者について	
(1)　債権者の住所・氏名 （法人の場合は法人名と代表者名）	住所 氏名《フリガナ》
(2)　主債務者の住所・氏名 （法人の場合は法人名と代表者名）	住所 氏名《フリガナ》

2　保証債務の内容について ※　(2)、(3)、(4)、(5)については、有・無の□に✓を入れ、有の場合は、その内容を記載して下さい。	
(1)　貸金等の元本額	円
(2)　利息の定め	□有・□無
(3)　違約金に関する定め	□有・□無
(4)　損害賠償（遅延損害金）に関する定め	□有・□無
(5)　その他、保証すべきものの定め（上記の(1)ないし(4)以外で、保証の対象となっているもの、例えば、契約締結費用等があれば記載して下さい。）	□有・□無

3　主債務者からの情報の提供について	
主債務者は、保証人となることを依頼するときに、その依頼をする相手方に、①主債務者の財産及び収支の状況、②本件の主債務以外に負担している債務の有無並びにその額及び履行状況、③本件の主債務の担保として他に提供し、又は提供しようとするものがあるときは、その旨及びその内容に関する情報を提供しなければならないとされています。貴方は、主債務者から、このような情報の提供を受けたでしょうか。 下記(1)又は(2)のいずれかの□に✓をして下さい。提供を受けた情報の内容その他補足することがあれば右の欄に記載して下さい。	
□(1)　情報の提供を受けた。 □(2)　情報の提供を受けていない。	

4　保証債務を履行する意思について	
保証人は、債務者が債務を履行しないときは、自ら、保証した債務の全額を履行しなければなりません。また、連帯保証の場合には、債務者が債務を履行しないときは、債権者が債務者に催告したかどうか、債務者が履行できるかどうか、又は他に保証人があるかどうかにかかわらず、その債務の全額を履行しなければなりません。このことを理解した上で保証しますか。 下記(1)又は(2)のいずれかの□に✓をして下さい。質問等があれば右の欄に記載して下さい。	
□(1)　理解した上で、保証する。 □(2)　理解が不十分なので説明してほしい。	

5　その他の事項（任意：質問等があれば記載して下さい。）

以上のとおり、相違ありません。

令和　　年　　月　　日

嘱託人　　住　所

氏　名《フ リ ガ ナ》

生年月日（大正・昭和・平成）　　年　　月　　日生

（根保証用）

保証意思宣明書

貴方が、これからしようとしている根保証契約について、以下のことをお答え下さい。

1　当事者について	
(1)　債権者の住所・氏名 （法人の場合は法人名と代表者名）	住所 フリガナ 氏名
(2)　主債務者の住所・氏名 （法人の場合は法人名と代表者名）	住所 フリガナ 氏名

2　根保証債務の内容について	
(1)　主たる債務の範囲	
(2)　根保証契約の極度額	円
(3)　元本確定期日の定めの有無	□有・□無（有の場合は、その内容を記載して下さい。）

3　主債務者からの情報の提供について	
主債務者は、根保証人となることを依頼するときに、その依頼をする相手方に、①主債務者の財産及び収支の状況、②本件の主債務以外に負担している債務の有無並びにその額及び履行状況、③本件の主債務の担保として他に提供し、又は提供しようとするものがあるときは、その旨及びその内容に関する情報を提供しなければならないとされています。貴方は、主債務者から、このような情報の提供を受けたでしょうか。 下記(1)又は(2)のいずれかの□に✓をして下さい。提供を受けた情報の内容その他補足することがあれば右の欄に記載して下さい。	
□(1)　情報の提供を受けた。 □(2)　情報の提供を受けていない。	

4　保証債務を履行する意思について	
保証人は、債務者が債務を履行しないときには、極度額の限度において、元本確定期日又は元本を確定すべき事由が生ずる時までに生ずべき、①主たる債務の元本、②主たる債務に関する利息、③違約金、④損害賠償（遅延損害金）、⑤その他主たる債務に従たる全てのもの（契約費用等）の全額について履行しなければなりません。債務者と連帯して保証債務を負担する場合には、債権者が債務者に催告したかどうか、債務者がその債務を履行することができるかどうか、又は他に保証人があるかどうかにかかわらず、その全額について履行しなければなりません。このことを理解した上で根保証契約を締結しようとしていますか。 下記(1)又は(2)のいずれかの□に✓をして下さい。質問等があれば右の欄に記載して下さい。	
□(1)　理解した上で、保証する。 □(2)　理解が不十分なので説明してほしい。	

5　その他の事項（任意：質問等があれば記載して下さい。）

以上のとおり、相違ありません。

令和　　年　　月　　日

嘱託人　住　所

フリガナ

氏　名

生年月日（大正・昭和・平成）　　年　　月　　日生

出典：日本公証人連合会のウェブサイトより作成

図表2　保証意思宣明公正証書作成の流れ

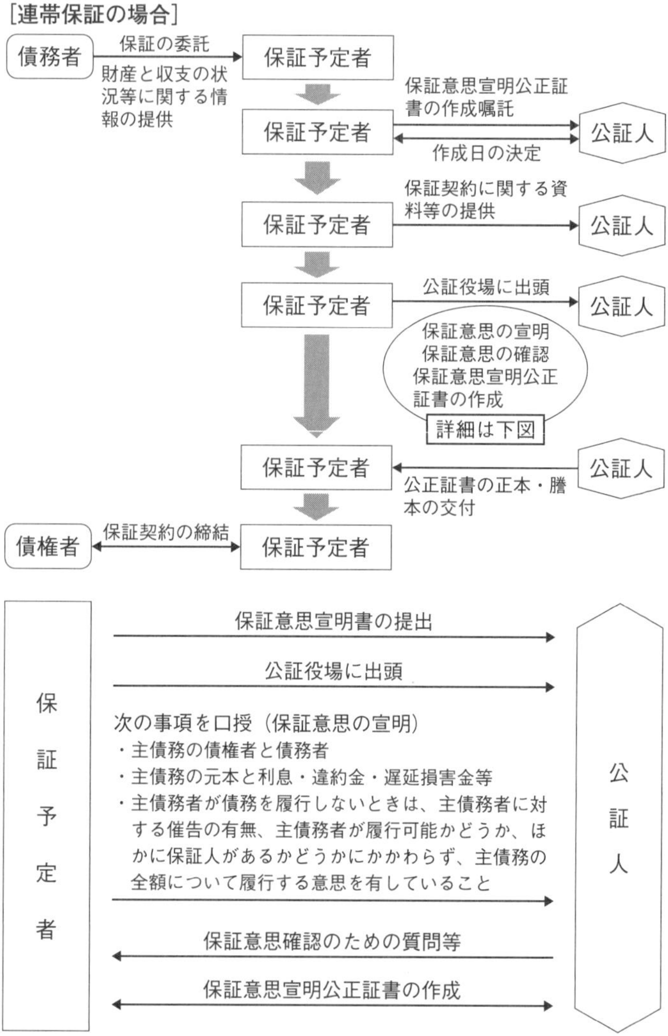

出典：日本公証人連合会のウェブサイトより作成

Q23 保証意思宣明公正証書作成の事務対応に債権者はどこまで関与するべきか

保証予定者が、公証人の面前で法定口授事項が口授できるよう、保証契約書の案や場合によっては保証意思宣明書の土台を作成して、あらかじめ保証予定者に手渡しておくほか、保証予定者の理解度に応じて、（根）保証契約の意味や各条項の内容を説明することが考えられます。また、主債務者から適切な情報提供がなされているかについても確認し、主債務者から決算書等の資料の交付を受けた上で、これを保証意思宣明書と共にあらかじめ公証人に提供するよう保証予定者に連絡しておくとよいでしょう。ただし、債権者から不当な圧力や行きすぎたお膳立てがあったといわれないよう留意が必要です。

解説

保証意思の確認に当たっては締結予定の保証契約の内容について、法定口授事項のほか、（根）保証契約の意味や具体的なリスクに関する保証予定者の認識についても公証人から確認されます。

そのため、債権者としても、最低限、保証契約書の案や場合によっては保証意思宣明書の土台を作成して、あらかじめ保証予定者に手渡すほか、保証予定者の理解度に応じ、（根）保証契約の意味や各条項の内容を説明しておくことが必要と考えられます。

また、主債務者からの（適切な）情報提供の有無や内容についても確認し、主債務者から決算書等の資料の交付を受けた上でこれを保証意思宣明書と共にあらかじめ公証人に提供するよう作成までの流れや用意すべき書類（48頁図表２参照）を保証予定者に伝えておくべきでしょう。

ただし、債権者から強く保証人となることを求められたといった事情が判明した場合には、保証予定者が保証のリスクを認識しているか否かをより丁寧に公証人が確認することとされており（通達７頁）、この点に留意が必要です。

なお、口授に当たって書面を参照することは禁止されていませんが、補充的に利用できるにすぎず、「定額で定められた主債務の額などの基本的かつ単純な事項についてもメモ等を参照しなければ口授することができない場合や、保証予定者がメモ等を読み上げるのみで、その具体的な意味を質問しても十分な説明をすることができない場合などには、保証予定者が口授すべき事項の内容を十分理解しているとは認められず、保証意思宣明公正証書を作成することは許されない」こととされています（通達16頁）。そのため、締結する予定の保証契約の内容やリスクについて債権者から保証予定者に対して説明する中で、保証予定者がこれらをきちんと理解できていないと債権者が判断した場合には、保証人にしないことも検討する必要があります。

また、保証意思宣明公正証書作成に際し、保証予定者への不当な干渉を避けるため、口授の際には債権者や主債務者（これらが法人その他の団体である場合の従業員等の関係者を含む。）は立ち会わせないものとされています（通達7頁）。

Q24 保証意思宣明公正証書を作成する際、保証予定者から希望があれば、債権者は立ち会ってもよいか

保証予定者から希望があったとしても、債権者は口授に立ち会うことはできません。

解説

保証予定者への（不当な）干渉を避けるため、債権者や主債務者が口授に立ち会うことは認められません（通達7頁）。

主債務者や債権者が同席せずに近隣で待機し、保証予定者が主債務者や債権者に確認したいことが発生した際に口授を一時中断し、主債務者や債権者に確認した上で、中断した時点から口授をやり直すことは可能とされそうですが、そのような場合には、保証予定者の保証意思や理解については、そのようなやり直しがない場合と比べて、慎重に確認や判断がなされる見込みです。

Q25 保証予定者が口授する際に、どの程度まで事前に準備したメモ等を参照することができるか

口授する内容の正確性を担保したり、記憶を喚起したりするために、あらかじめ準備した保証契約書の案やメモ等を補充的に参照することは可能ですが、あくまでも補助的な利用に限られます。

解説

通達によれば、保証予定者が、口授する内容の正確性を担保したり、記憶を喚起したりするために、あらかじめ準備した保証契約書の案やメモ等を補充的に参照することは可能です。ただし、あくまでも補助的な利用に限られます。

保証予定者が、契約書、保証意思宣明書や事前提供資料に記載しているとおりなどと述べるだけの場合、基本的かつ単純な事項についてもメモ等を参照しなければ口授できない場合、メモ等を読み上げるのみでその具体的な意味を質問されても十分な説明をすることができない場合などには、保証予定者が口授すべき事項の内容を十分理解しているとは認められず、保証意思宣明公正証書は作成してもらえません（通達16頁）。

Q26 公証役場では保証意思宣明公正証書に記載される内容として、保証予定者はどのような事項を口授するのか

新法465条の６第２項は法定口授事項として次の項目を規定しています。このほか、主債務者の財産と収支の状況等についての主債務者からの情報提供の有無とその内容（新法465条の10第１項）についても公証人から確認されます。

1　保証契約

①　主債務の債権者と債務者

②　主債務の元本

③　主債務に関する利息、違約金、損害賠償その他主債務に従たる全てのものの定めの有無とその内容

④　保証意思

⑤　（連帯保証の場合）催告の抗弁権、検索の抗弁権、分別の利益がないこと

2　根保証契約

①　主債務の債権者と債務者

②　主債務の範囲

③　極度額

④　元本確定期日の定めの有無とその内容

⑤　保証意思

⑥　（連帯根保証の場合）催告の抗弁権、検索の抗弁権、分別の利益がないこと

解 説

保証予定者は、公証人の面前で上記の法定口授事項を口授します。その際には、公証人から、①主債務の具体的内容、②主債務が履行されなければ自らが債務を履行しなければならなくなるといった保証の意味、③保証債務を負うことによって直面し得る具体的な不利益を保証予定者が理解しているか、④主債務者からの情報提供義務の履行の有無とその内容、⑤保証予定者が保証契約を締結しようとするに至った経緯などの確認を受けます（保証ＱＡ133～135頁）。

保証契約のリスクを十分に理解した上で、相当の考慮をして保証契約を締結しようとしているかを確認するためには、保証契約の法的意味だけでなく、保証債務を負うことによって直面するかもしれない具体的な不利益、例えば所有する不動産や給与が差し押さえられるなどのリスクがあることを保証予定者が理解しているかといったことの確認も受けるとされています（通達６頁）。

また、主債務者からの情報提供義務の履行の有無とその内容も確認されます。保証予定者は、保証意思宣明書で、

情報提供の有無とその内容を記載してあらかじめ公証人に伝えることとなっています。新法465条の10第１項に基づく主債務者からの情報提供の有無と内容は、法定口授事項ではありません。しかし、主債務者の財産や収支の状況等は、その保証契約のリスクを十分に理解する上で重要な情報です。きちんと情報提供されないまま保証契約が締結された場合には保証契約が新法465条の10第２項によって取り消される可能性があり、債権者にとっても重要な意味があります。そのため、公証人は、主債務者の財産と収支の状況等について情報提供を受けているか否か、また、その内容について確認します。通達では、保証予定者が主債務者から情報の提供を（適切に）受けていないことが判明した場合に、公証人は主債務者から（適切に）情報の提供を受けるように促すこととされています（通達７頁）。

公証人に対して、情報提供の有無やその内容を伝えることができるために、また、何より保証予定者が自分自身の負う保証契約のリスクを把握するためにも、保証予定者が主債務者からきちんと情報提供を受けておくことが必要です。

あわせて、保証予定者が保証契約を締結しようとするに至った経緯も確認されます。主債務者と保証予定者との関係や借入金の使途などについても聴取されます。債権者や主債務者から強く求められて断り切れずに保証人となろうとしているなどといった事情が判明した場合には、そのリスクを十分に理解しているかを丁寧に確認することとされています（通達7頁）。

根保証契約に関する保証意思確認の場合、根保証契約に特有のリスク（具体的には、保証の対象となる範囲に含まれる債務については債務発生ごとの通知等がされることなく当然に保証債務が生ずるという基本的仕組み）について理解がされているかも確認されます（通達12頁）。

公証人と保証予定者との間で事前にしっかりと調整がなされていれば、保証意思の宣明がなされる当日に保証意思宣明公正証書が交付される運用が予定されています。

また、保証契約公正証書と保証意思宣明公正証書の両方の同日作成も可能です。ただし、保証意思宣明公正証書は、保証契約の締結に先立ち、保証契約とは別に作成されなければなりません。

なお、保証意思宣明公正証書に、強制執行認諾文言を盛り込むことはできないとされています。また、保証意思宣明公正証書作成後直ちに執行認諾文言付きの保証契約公正証書を作成するような場合には、その意味を真に理解しているかを慎重に確認されます（通達19・20頁）。

Q27 保証予定者が公証役場で元本や利率について口授する際には、どのようなことに気を付ければよいか

保証意思宣明公正証書の作成時点で主債務の元本や利率が明確となっていない場合には、その後に締結される保証契約が無効となることのないよう、口授の仕方について以下のような点に留意する必要があります。

解説

そもそも元本がどの程度になるか見通せないような場合は保証意思宣明公正証書を作成することはできません。保証意思宣明公正証書作成の時点で、おおよその融資額までしか決まっておらず、融資額が確定していないことも考えられます。そのような場合には、例えば、「金○○円以内で貸し付ける金員の貸金債務」というように上限を口授することが認められています。根保証契約の極度額についても同様に、上限を示して口授することが認められています（通達9頁）。

利息や遅延損害金についても、利率等の計算式を口授することや、「年○%以内で定める利率」などと上限を示すことも認められています（通達10頁）。また、変動金利の

場合など、利息の計算方法が複雑な場合には、金利変動に関する書面を持参してその内容を口授し、これを保証意思宣明公正証書に添付することも考えられます（通達18・19頁）。

ただし、それらの内容はできる限り特定されているべきであることから、合理的な理由がないのに漠然とした記載がされることのないよう、公証人は、確定した額を口授できない事情について確認することとされています（通達9・10頁）。

また、主債務者や債権者、主債務の元本の額や極度額などの事項については、契約書案等の書面を保証意思宣明公正証書でそのまま引用することは許されないとされています（通達19頁）ので、その内容を口授することが求められます。

事前提供または当日持参した資料と不整合な内容の口授がなされた場合には、公証人からその旨の指摘を受けます。その場合、正確な資料を確認し、必要に応じて債権者や主債務者と相談した上で、問題が解消された後に公証手続を行うべきと考えられます。

Q28 保証意思宣明公正証書において主債務の元本が
①「1000万円」と記載されていた場合と
②「1000万円以内」と記載されていた場合とで、その後締結された元本額800万円の特定保証契約の効力に違いがあるか

①の場合は、保証契約が無効とされる可能性があります。

解説

① 主債務の元本を「1000万円」と記載した場合

元本800万円の主債務を保証する特定保証契約が締結された場合、これに先立って作成された保証意思宣明公正証書に主債務の元本として「1000万円」と記載されていたときには、実際の保証契約における主債務と保証意思宣明公正証書に記載された主債務との間に「ずれ」があることになります。

このような場合、保証意思宣明公正証書の内容と比較して、実際の保証契約の内容は保証人に有利であるため、有効と考える余地もありそうに思われます。しかし、新法の立案担当者は、主債務の元本などの法定口授事項は、保証契約を特定するために必要な事項として法定されたもので

あり、保証意思宣明公正証書の法定口授事項に係る記載と保証契約の内容が一致していない場合には、保証契約を特定する要素にずれがあり、保証意思宣明公正証書により確認された保証意思と当該保証契約との間に同一性を認めることはできないというほかないとしています（保証ＱＡ159頁）。このような考えによれば、①の場合、保証契約が無効となります。

したがって、改めて主債務の元本を800万円とする保証意思宣明公正証書を作成した上で、保証契約を締結し直す必要があることになります。

②　主債務の元本を「1000万円以内」と記載した場合

保証意思宣明公正証書に主債務の元本として「1000万円以内」と記載されていて、実際の保証契約での主債務の元本の額が800万円であったとしても、保証契約を特定する要素にずれはないとされています（保証ＱＡ159頁）。そのため、保証意思宣明公正証書により確認された保証意思と保証契約との間に同一性が認められることから、②の場合には保証契約は有効となるものと考えられています。

したがって実務上は、保証意思宣明公正証書作成後に実際の保証契約中の元本額が変更されるおそれがある場合には、確定した金額ではなく、「1000万円以内」というように上限を記載することも一案です。

図表３　実際に締結された保証契約の内容が、保証意思宣明公正証書と異なる場合の対応関係（「保証ＱＡ」の考え方）

法定口授事項について公正証書とその後に締結される保証契約の内容が異なる場合	保証契約は全体として無効（※１）。したがって、公正証書の再作成と保証契約の再締結が必要 （例）　公正証書→保証契約 元本　1000万円→2000万円 元本　1000万円→800万円（※２） 利息　２％→４％
法定口授事項については公正証書と一致しているが、それ以外に記載されていた事項や引用された資料等が実際の保証内容と異なる場合（例えば、弁済期や元本確定事由、引用した保証契約書案の期限の利益喪失事由が異なるなど）	その記載の誤りのみを理由として当該保証契約自体の効力が否定されることはない。 ただし、真に保証意思がなかったとか、同一性がないなどとして保証契約の効力が否定されるおそれはある。

※１　保証意思宣明公正証書の記載と実際の保証契約のずれが極めて軽微であって、両者に同一性があると認定された場合には、両者の不一致を理由に保証契約の効力を否定することは信義則上許されないなどとして、救済的に有効とされる可能性はあるが、そうした事案は相当限られる。

※２　保証意思宣明公正証書において、「金1000万円以内で貸し付ける」旨の記載がされていた場合に、実際の主債務の元本額が800万円でこの額の記載が保証契約にあったときには、保証意思宣明公正証書と保証契約の間にずれはないため、保証契約は有効になる。

Q29 保証意思宣明公正証書が作成され、保証契約が有効に成立した後、保証契約の主債務について、金利の引上げや引下げ、貸出元本の増額や減額といった法定口授事項についての変更がなされた場合、保証意思宣明公正証書の再作成は必要か

主債務に関する法定口授事項について、保証人に不利益となる変更がされた場合には、保証意思宣明公正証書の再作成が必要になると考えられます。他方、保証人に有利な変更がなされた場合には、再作成は不要です。

解説

(1) 保証人の承諾の要否

債権者と主債務者との間で主債務の目的または態様を加重するように変更し、その効力を保証人にも及ぼすには、保証人の同意を得なければなりません（新法448条２項）。他方、主債務の目的や態様を軽減するように変更する場合、または、主債務の目的または態様を加重する変更を行うがその効力を保証人に及ぼさない場合には、保証人の同意は不要です（保証ＱＡ163・164頁）。

⑵　保証意思宣明公正証書再作成の要否

保証意思宣明公正証書の主債務に関する法定口授事項について、貸出元本の増額や金利の引上げなど保証人に不利益となる変更がされた場合において、その効果を保証人に及ぼすためには、変更についての保証人の同意を得ることに加えて、保証意思宣明公正証書の再作成が必要になります。他方、貸出金額の減額や金利の引下げなどの保証人の利益となる変更がされた場合には、それらの手続は不要と考えられています（保証ＱＡ163頁）。

図表４　保証意思宣明公正証書が作成され、保証契約が有効に成立した後に主債務の内容が変更される場合の対応関係（「保証ＱＡ」の考え方）

法定口授事項	有利変更（軽減）	保証人の同意不要 公正証書再作成不要
	不利変更（加重）の効力を及ぼす場合（※１）	保証人の同意必要 公正証書再作成必要
法定口授事項以外	有利変更（軽減）	保証人の同意不要 公正証書再作成不要
	不利変更（加重）の効力を及ぼす場合（※１）	保証人の同意必要 公正証書再作成は基本的に不要（※２）

※１　保証人の責任を加重する変更の場合でもその内容を保証人に及ぼさないのであれば、公正証書再作成不要。保証契約の内容が変更される場合も同様。

※２　例えば、令和７年３月31日の弁済期を、令和８年３月31日に延ばす場合はもちろん、令和６年３月31日に縮める場合も保証意思宣明公正証書を再作成する必要はない。

Q30 主債務について、保証意思宣明公正証書が作成され、保証契約が有効に成立した後、保証契約の主債務について、弁済期限の延長・短縮といった法定口授事項以外の事項の変更がなされた場合、保証意思宣明公正証書の再作成は必要か。例えば、「元金据置としていた債権の元金返済の再開」や、「返済期限は５年後で期限延長は伴わないが、向こう１年間の返済額を軽減する（＝後々の返済負担は増加）」といった「債務の弁済期・弁済方法」のように法定口授事項でない事項が変更された場合、保証意思宣明公正証書の再作成は必要か

主債務の条件のうち法定口授事項に該当しない事項について変更があった場合、基本的には、保証意思宣明公正証書の作成は不要と解されますが、例外的に、保証意思宣明公正証書の作成が必要となることがないか、またそれがどのようなケースかは今後の実務と裁判例の動向を見守る必要があるものと思われます。

解説

保証意思宣明公正証書が作成された上で有効に成立した

保証契約の主債務について、法定口授事項以外の事項の条件変更がなされた場合について、新法の立案担当者は「基本的に」公正証書の再作成は不要であるとの見解を示しています（保証ＱＡ164頁）が、例外的にどのようなケースで公正証書の作成が必要となるのかは明らかではありません。

法定口授事項以外の事項について、主債務の条件変更がされた場合、主債務の内容を拡張または加重する場合であり、拡張または加重後の内容の負担を保証人に負わせるときには、保証人の同意のほか、保証意思宣明公正証書の作成が必要な場合があり得ると考えられます。

今後の実務と裁判例の動向を見守りつつ、当面の実務対応では、判断が難しい場合は、保証意思宣明公正証書を作成しておくことが安全であると考えられます。

Q31 保証意思宣明公正証書を作成した後、保証契約について、極度額の増加や元本の確定期日の延長をする場合は保証意思宣明公正証書の再作成は必要か

極度額や元本確定期日をはじめとする保証契約の法定口授事項について、保証人の責任を加重する変更を行う際には、保証意思宣明公正証書の再作成が必要です。

解説

保証意思宣明公正証書を作成して有効に成立した保証契約の条件について、債権者と保証人との合意によって変更する場合、その変更の対象が保証意思宣明公正証書の法定口授事項であるときは、保証意思宣明公正証書を改めて作成する必要があります。

もっとも、変更対象が法定口授事項に該当するものであっても、その内容が極度額の減額など保証人にとって有利なものであり、保証人の同意が実質的に問題とならず、債権者の意思表示があれば認められるものについては、保証意思宣明公正証書の再作成は不要と考えられます。

また、変更の対象が法定口授事項でないときにも、保証意思宣明公正証書の再作成は不要です（保証ＱＡ166頁）。

図表５　保証意思宣明公正証書が作成され、保証契約が有効に成立した後に保証契約の内容が変更される場合の対応関係（「保証ＱＡ」の考え方）

法定口授事項	有利変更（軽減）	公正証書再作成不要 （※１）
	不利変更（加重）	公正証書再作成必要 （例）　変更前 →変更後 ・極度額1000万円 →1200万円 ・元本確定期間１年 →２年
法定口授事項以外	有利変更（軽減）	公正証書再作成不要 （※２）
	不利変更（加重）	公正証書再作成不要 （※２）

※１　保証契約の変更が、保証意思宣明公正証書の法定口授事項を変更するものであっても、極度額の減額など保証人にとって有利なものであり、保証人の同意が実質的に問題とならないものについては、保証意思宣明公正証書の再作成は必要ない。

※２　変更の対象が保証意思宣明公正証書の法定口授事項でないときには、公証人によって保証人の保証意思を改めて確認する必要がないため。

（例）　元本確定事由の定めがある根保証契約について、元本確定事由を減らすなどの変更をする場合、保証人の同意は必要であるが、保証意思宣明公正証書の再作成は必要ない。

Q32 保証意思宣明公正証書を作成した後、保証契約の主債務について、締結していた特約に従って変動金利の特約書を更新する場合、保証意思宣明公正証書の再作成は必要か

当該特約に記載の範囲内の変更であれば、保証意思宣明公正証書の再作成は不要と考えられます。

解説

「主たる債務の目的又は態様が保証契約の締結後に加重されたときであっても、保証人の負担は加重されない」（新法448条2項）ため、債権者と保証人との間で主債務の目的または態様を加重するように変更し、その効力を保証人にも及ぼすには、保証人の同意を得なければなりません。

主債務の変更の対象が保証意思宣明公正証書の作成時の法定口授事項であるときには、原則として、保証意思宣明公正証書を改めて作成しなければなりません。

例えば、主債務に関する利息は法定口授事項とされていますので（新法465条の6第2項1号イ）、保証契約の締結後に金利を引き上げる場合などには、改めて保証意思宣明公正証書の作成が必要になります。

しかしながら、当初から金利について変更があり得ることを口授して保証意思宣明公正証書に変更の範囲等が記載されている場合には、あらかじめ記載されていた変更の範囲内では保証意思が当初から確認済みであると考えられますので、その範囲内での変更に際しては、保証意思宣明公正証書の再作成は不要と考えられます。

Q33 新たな合意により主債務の金利を引き上げる場合、保証意思宣明公正証書を再作成しなければ、金利引上げ後の金利のみならず引上げ前の金利も保証人に対しては請求できないのか

新たな合意として主債務の金利を加重する変更を行う場合には、保証意思宣明公正証書を再作成しなければ、引上げ後の金利を保証人に対しては請求することができません。ただし、金利引上げ前の金利を請求することは可能です。

解説

「主たる債務の目的又は態様が保証契約の締結後に加重されたときであっても、保証人の負担は加重されない。」（新法448条２項）とされていますので、債権者と保証人との間で目的または態様を加重するように主債務の内容を変更し、その効力を保証人にも及ぼすには、保証人の同意を得なければなりません。

また、主債務の変更の対象が保証意思宣明公正証書の作成時の法定口授事項であるときには、原則として、保証意思宣明公正証書を改めて作成しなければなりません（保証ＱＡ163頁）。この点、主債務に関する利息は法定口授事項

とされていますので（新法465条の６第２項１号イ）、主債務に関する金利引上げの効力を保証人に及ぼす場合、原則として保証意思宣明公正証書を改めて作成する必要があります。

一方、主債務に関する金利引上げの効力を保証人に及ぼさない場合には、保証意思宣明公正証書を改めて作成する必要はありません（保証ＱＡ164頁）。この場合、従前の金利の限りで、保証人に対して請求を行うことが可能です。

ただし、根保証契約の場合、個々の主債務の利息については、保証意思宣明公正証書の法定口授事項ではないので（新法465条の６第２項１号ロ）、新法の施行日以後に利息を引き上げる場合も、保証意思宣明公正証書を作成する必要はありません。

Q34 免責的債務引受によって主債務者が交代し、保証を引受債務に移転させる場合、保証意思宣明公正証書の再作成は必要か

今後の議論と裁判例の動向を注視する必要があります。

解説

新法472条の４に基づき保証を引受債務に移転させる場合、保証意思宣明公正証書の作成に関する規定の直接の適用はないと思われます。ただし、類推適用の可能性も含めて、今後の実務と裁判例の集積を注視する必要があります。主債務者が誰であるかは保証意思宣明公正証書の法定口授事項であることから（新法465条の６第２項１号）、当面の実務対応では、主債務の内容の拡張または加重に該当するか否かにかかわらず、保証意思宣明公正証書を作成しておくことが無難と考えられます。

Q35 新法施行日前に締結された保証契約について新法施行日以後に主債務の金利を引き上げる場合、保証意思宣明公正証書では金利の引上げに伴う保証負担増加分に関する保証意思だけ宣明すればよいか

保証負担増加分だけではなく、保証債務全額について新たに保証意思宣明公正証書を作成する必要があります。

解説

債権者と主債務者との間で主債務の目的または態様を加重する変更をし、その効力を保証人にも及ぼすには、保証人の同意を得なければなりません（Q29参照）。

そして、その変更の対象が法定口授事項であるときには、新法施行日前に締結された保証契約についての変更であっても保証意思宣明公正証書を作成しなければなりません。主債務に関する利息は法定口授事項ですので（新法465条の6第2項1号イ）、主債務に関する利息引上げの効力を保証人に及ぼす場合には、保証債務全額について保証意思宣明公正証書を作成することになります。

ただし、根保証契約の場合、個々の主債務の利息については、保証意思宣明公正証書の法定口授事項ではないので

（新法465条の６第２項１号ロ）、新法の施行日以後に利息を引き上げる場合も、保証意思宣明公正証書を作成する必要はありません。

図表６　保証契約が新法施行日前に締結されており、施行日以後にこれを変更する場合の対応関係（「保証ＱＡ」の考え方）

①　主債務の変更

法定口授事項	有利変更（軽減）	保証人の同意不要 公正証書作成不要
	不利変更（加重）の効力を及ぼす場合（※１）	保証人の同意必要 公正証書作成必要
法定口授事項以外	有利変更（軽減）	保証人の同意不要 公正証書作成不要
	不利変更（加重）の効力を及ぼす場合（※１）	保証人の同意必要 公正証書作成は基本的に不要（※２）

※１　保証人の責任を加重する変更の場合でもその内容を保証人に及ぼさないのであれば、公正証書作成不要。保証契約の内容が変更される場合も同様。

※２　例えば、令和７年３月31日の弁済期を、令和８年３月31日に延ばす場合はもちろん、令和６年３月31日に縮める場合も保証意思宣明公正証書を作成する必要はない。

② 保証契約の変更

法定口授事項	有利変更（軽減）	公正証書作成不要
	不利変更（加重）	公正証書作成必要
法定口授事項以外	有利変更（軽減）	公正証書作成不要
	不利変更（加重）	公正証書作成不要

Q36 保証意思宣明公正証書を作成した後、固定金利年2.0%で融資した主債務について、1回目に固定金利年1.0%に条件変更した（保証意思宣明公正証書は再作成していない）。その後2回目に固定金利年2.0%に利上げをする条件変更をする場合、保証意思宣明公正証書の再作成は必要か

今後の実務と裁判例の動向を見守る必要があります。

解説

主債務について、当初融資時点での金利を引き下げる場合、保証人の承諾は要せずその効力を保証人に及ぼすことができ、保証意思宣明公正証書の再作成も必要ありません。その後に主債務の金利が引き上げられて、当初の保証意思宣明公正証書に記載された金利と同じ金利に戻ったときはどうでしょうか。当初の金利の限度では最初に作成した公正証書において保証意思が確認済みと考えれば、保証意思宣明公正証書の再作成は要しないようにも思われます。一方、一旦保証の対象たる主債務の金利が引き下げられた以上、その後の金利の引上げは直前の金利と比べて保証人の負担を重くするものには違いないので、保証意思宣

明公正証書の再作成が必要となる可能性もあります。

当面は、今後の実務と裁判例の動向を見守る必要があります。

Q37 保証契約を締結する際の保証予定者への主債務者からの情報提供について、債権者はどのような事務フローで主債務者に説明し、確認すればよいか

①情報提供対象者であるか否かの確認、②保証意思宣明公正証書の作成の要否の確認、③主債務者に対する手続の説明、④保証契約締結時の情報提供義務の履行確認といった手続を中心にした事務フローが考えられます。

解説

主債務者は、事業のために負担する債務を主債務とする保証または主債務の範囲に事業性債務が含まれる根保証の委託をするときは、委託を受ける者（保証予定者）に対し、①財産と収支の状況、②主債務以外に負担している債務の有無やその額と履行状況、③主債務の担保として他に提供し、または提供しようとするものがあるときはその旨とその内容に関する情報を提供しなければなりません（新法465条の10第1項）。もっとも、保証予定者が法人である場合には、新法465条の10第1項は適用されません（同条3項）。

また、保証意思宣明公正証書の作成を要する保証の場

図表7　保証契約締結時の実務手続の主な流れ

保証予定者の属性や主債務が事業性債務であるかの確認

・保証予定者が法人であるか、個人であるか（①）
・主債務が事業性債務であるか否か（①）
・経営者等、保証意思宣明公正証書の作成が不要な者に該当するか（②）

↓

情報提供義務や保証意思宣明公正証書の作成に関する説明（③）

↓

主債務者と保証予定者からの表明保証の徴求

・情報提供義務の履行（③）
・情報提供義務の履行確認（④）

↓

（保証意思宣明公正証書の作成）

↓

保証契約の締結と融資等の実行

合、保証意思宣明公正証書の作成の前に契約締結時の保証人への情報提供が行われていることが重要です。そこで、公証人は、新法465条の10の情報提供の有無や提供された情報の内容を確認し、その確認した事項は記録に残すものとされています。例えば、保証予定者が主債務者から書面で情報の提供を受けていた場合には、公証人は、保証予定者からその書面の写しの提供を受け、附属書類として連綴し、また、保証予定者が主債務者から口頭で情報の提供を受けた場合には、公証人は、その内容を保証予定者から確認した上でその要領を録取した書面を作成し、同書面を附属書類として連綴するとされています（通達16頁）。

そのため、①情報提供対象者であるか、②保証意思宣明公正証書の作成を要する場合であるかを確認した上で、③主債務者に対して情報提供や公正証書作成の手続について説明し、保証契約締結時の情報提供義務の履行が行われた後に、④履行確認として、例えば、主債務者や保証予定者からその履行の表明保証を受けたり、実際にどのような情報を提供したのかを積極的に確認することなどを中心とした事務フローとすることが実務上考えられます。

Q38 債権者は、主債務者に対して、新法465条の10に基づく情報提供義務の履行の仕方をどのように説明すればよいか

情報提供義務の対象となる項目を伝えるとともに、それらの項目についての情報提供義務を履行するために提供すべき代表的な資料の例を提示するとよいでしょう。

解説

新法465条の10第１項は、事業のために負担する債務を主債務とする保証等を委託するとき、保証予定者に対して、次の事項に関する情報を提供することを主債務者に義務付けています。

① 財産と収支の状況

② 主債務以外に負担している債務の有無やその額と履行状況

③ 主債務の担保として他に提供し、または提供しようとするものがあるときはその旨とその内容

この義務は主債務者の果たすべき義務ですが、主債務者が情報提供をせずまたは事実と異なる情報を提供したことを債権者が知り、または、知ることができたときは、保証

人は保証契約を取り消すことができるとされています（新法465条の10第２項）。また、保証意思宣明公正証書作成に当たっては、主債務者からの情報提供の有無とその内容が公証人によって確認されます。そのため、保証予定者が、主債務者からきちんと情報提供を受けることは、債権者にとっても重要です。

とはいえ、一般に、主債務者が、改正された民法の内容について正確に把握していることは少ないと考えられますので、主債務者が適切に情報提供義務を履行できるよう、債権者から案内をすることが実務上は必要となると考えられます。

そのため、債権者としては、新法465条の10の内容を説明する書面を用意した上で、主債務者から保証予定者に対して自己の財産状況等の情報を提供する義務があることと、提供すべき情報の項目を案内するとともに、具体的にどのような資料を用いて情報提供したらよいかの例も案内しておくことが望ましいと考えられます。

そして、債権者から主債務者への案内に当たっては、以下の点に留意して説明するとよいでしょう。

①　財産と収支の状況

情報提供は口頭で行うことも認められていますが、主債務者が法人の場合は、貸借対照表と損益計算書を提供するのが最も分かりやすいと考えられます。もっとも、直近の貸借対照表等を作成した後の事情変更や期間の経過により、これらの書面が保証契約締結時の主債務者の状況を正しく表しているといえない場合には、その後の状況が分かる資料も提供する必要があるとされています（保証ＱＡ60頁）。他方、主債務者が個人の場合は、確定申告書や確定申告の際の財産債務調書などを提供することが考えられます。

②　主債務以外に負担している債務の有無やその額と履行状況

主債務者が法人の場合には貸借対照表を、個人の場合には確定申告の際の財産債務調書などを提供して、そこに記載されている債務について履行遅滞があるかどうかを伝える必要があります。

③　主債務の担保として他に提供し、または提供しようとするものがあるときはその旨とその内容

主債務者が設定し、または設定しようとしている抵当権等の物的担保のほか、主債務者が委託し、または委託しようとしている保証契約についての情報を提供する必要があります。物的担保の情報については、当該物的担保権を設定する不動産等が特定できる情報を提供する必要があります。なお、担保物件の価格などそのほかの情報について提供することは認められていますが、「その情報が事実と異なっていた場合には、新法第465条の10第２項に基づいて保証契約が取り消されることがある」ため、注意が必要です（保証ＱＡ65頁）。

Q39 会社の代表取締役から保証を取る場合、債権者は、主債務者（会社）から保証予定者（代表取締役）への情報提供の確認をする必要があるか

会社から代表取締役に対し新法465条の10第１項各号の情報提供がなされた事実を書面で確認し、記録する必要があります。ただし、一定の簡略化が可能とされています。

解説

新法465条の10は、保証人が代表取締役であり、会社の内容を十分把握している場合であっても、債務者から保証人に対して情報提供がなかった場合の取消権の発生の除外事由としていません。そのため、債権者においては、会社の内容を十分に把握していることを保証予定者である代表取締役から確認・記録するだけでは足りず、会社が代表取締役に対して新法465条の10第１項各号の情報提供を実施し、保証予定者（代表取締役）がそれを受領したことを確認・記録する必要があります。

具体的な確認方法としては、まず、「債務者は、保証予定者（代表取締役）に対し、以下の記載事項［新法465条の10第１項各号の事由を列挙］に関する情報を提供しまし

た。」との趣旨の文言と、「保証人は、債務者から以下の記載事項［新法465条の10第１項各号の事由を列挙］に関する情報の提供を受けました。」との趣旨の文言を保証契約書に加筆することが考えられます。また、上記の旨を記載した覚書や念書を別途差し入れてもらうことも考えられます。

なお、代表取締役以外の役員がいない場合には、経理担当者など債務者である会社の業況を理解している者から説明を受けることが考えられます。

新法の立案担当者によれば、「委託の際に資料などを改めて提示をせずとも、代表者が資料を有していること等を確認するなどの簡易な方法をとれば足りると解される。」とされています（保証ＱＡ57頁）。

Q40 個人事業主である主債務者から保証予定者に対して、主債務者の財産と収支の状況に関する情報を提供する際にはどのような資料を用いるのがよいか

確定申告書や確定申告の際の財産債務調書などの資料を用いることが考えられます。

解説

主債務者は、事業のために負担する債務を主債務とする保証または主債務の範囲に事業のために負担する債務が含まれる根保証の委託をするときは、委託を受ける者に対し、①財産と収支の状況、②主債務以外に負担している債務の有無やその額と履行状況、③主債務の担保として他に提供し、または提供しようとするものがあるときはその旨とその内容に関する情報を提供しなければなりません（新法465条の10第1項）。

このうち、①に関する情報について具体的な内容は法文上明記されておらず、保証予定者が保証のリスクを判断するのに必要な情報の提供を受けるために、適切に情報を提供する必要があるとされていて、資料の提供による情報提供も許容されています（保証ＱＡ60頁）。

具体的にどのような資料を提供するかは個別の事案によ

りますが、例えば、個人事業主の場合は、確定申告書や確定申告の際の財産債務調書などの資料を提供することが考えられます。この時、保証人からその内容について説明を求められたにもかかわらず、「資料に記載されているとおり。」などとして主債務者が内容説明を拒否したときは、資料を提供していたとしても、適切な情報提供がなされておらず、情報提供義務の履行を怠ったものと評価される可能性があるので（保証ＱＡ60頁）、主債務者は必要に応じて資料の内容について説明を行う必要があります。

また、既存の資料の作成時期と情報提供すべき時期とが大きくずれ、既存の資料の提供では適切な情報を提供することができない場合には、別途その後の状況を把握することができる資料を作成の上で、情報を提供する必要があります（保証ＱＡ61頁）。

Q41 個人事業主である主債務者から保証予定者に情報提供をする際に、主債務以外に負担している債務の有無やその額と履行状況についてどのような資料を用いるのがよいか

個人事業主である場合は確定申告の際の財産債務調書などを、一般的な企業の場合は貸借対照表などを、用いることが考えられます。

解説

保証契約締結時の情報提供義務の履行に際しては、①財産と収支の状況、②主債務以外に負担している債務の有無やその額と履行状況、③主債務の担保として他に提供し、または提供しようとするものがあるときはその旨とその内容に関する情報を提供しなければなりません（新法465条の10第１項）。

そのうち、②については、例えば、一般的な企業の場合は貸借対照表、個人事業主である場合は確定申告の際の財産債務調書などを用いることが考えられます（保証ＱＡ61頁）。

また、「履行状況」に関する情報とは、主債務以外に負担している債務の履行遅滞に関する情報であるため、情報提供の段階で履行遅滞がある場合には、そのことを情報提

供する必要があります（保証ＱＡ61頁）。

なお、既存の貸借対照表の作成時期と情報提供を行う時期が大きくずれており、既存の貸借対照表の提供では保証のリスクを判断するために必要な情報を提供できない場合には、既存の貸借対照表を作成した後の状況を把握することができる資料を別途作成して、情報提供する必要があります（保証ＱＡ61頁）。

Q42 保証契約を締結する際に、主債務者から保証予定者への情報提供について債権者は何をどの程度確認すればよいか

情報提供が適切に行われたことについて、主債務者と保証人から表明保証を取得するほか、債権者が情報提供の内容や態様を調査・確認することも考えられます。

解説

債権者は、主債務者が適切に契約締結時の情報提供義務を履行したことについて、積極的に確認することまでは義務付けられていません（新法465条の10第２項）。主債務者の情報提供義務の履行状況について確認をするかどうかは債権者の判断に委ねられています。

債権者が主債務者の情報提供義務の履行状況を確認する場合、例えば、情報提供義務が行われたことについて、主債務者と保証人から書面で表明保証を取得することが考えられます。

もっとも、単に表明保証を取得しただけでは、情報提供が行われていなかったことを債権者は知らなかったと判断される一事情にはなり得ますが、債権者が情報提供内容の

誤り等について知ることができたとの要件を否定するための間接事実として決定的なものにはならないとされています（保証ＱＡ72頁）。

そのため新法の立案担当者は、保証契約取消しのリスクを回避するには、債権者は、主債務者に対して適切に情報を提供することを強く促し、実際にどのような情報をどのように提供したのかを積極的に確認すべきとしています（保証ＱＡ70頁）。債権者が主債務者の情報提供義務の履行状況を確認するのであれば、例えば、主債務者から保証人に提供したのと同じ内容の情報提供を受け、当該情報の内容を確認し、適切な情報提供でない場合には、主債務者に対して適切な情報提供を行うよう強く促すなどの対応を行うことが考えられます。

Q43 主債務者から保証予定者に保証契約締結に当たって必要な情報提供がされているかを公証人が確認するには、保証意思宣明公正証書に連綴される附属資料（の中の保証意思宣明書の「情報提供を受けた内容」欄の記載）の確認で足りるか。主債務者や保証予定者からの表明保証や別途の確認書までは不要か

保証意思宣明公正証書に連綴される附属資料の確認だけでなく、主債務者や保証予定者からの表明保証または別途の確認書まで取るべきと思われます。

解説

公証人は保証契約締結時の情報提供義務の履行の有無の確認に当たっては、単に事前に提出された保証意思宣明書の「情報提供を受けた内容」欄を確認するだけではありません。

保証予定者が主債務者から決算書類などの書面により保証契約締結に当たって必要な情報提供を受けている場合には、その書面を公証人が確認して保証意思宣明公正証書の附属書類として綴り込みます。交付された決算書等が口授時よりも相当期間以前のもので、これで主債務者の財産の

状況が説明されたことにできない場合には、公証人が試算表など決算書以外の書類まで確認することもあり得ます。

　他方、保証予定者が主債務者から口頭で情報提供を受けている場合には、その情報提供の内容を公証人が保証予定者から聴取することになります（通達17頁）。

Q44 主債務者から、保証予定者に対し、実態を正確に表していない決算書を用いた情報提供がなされた場合、債権者が当該債務者について、決算書上は資産超過でも実質債務超過であると認識していたときには、不実情報の提供について悪意・有過失であったとして、保証人から保証契約を取り消される可能性があるか

債務超過の内容によっては、保証人から保証契約を取り消される可能性があります。

解説

新法465条の10第２項では、主債務者が適切に契約締結時の情報提供をしたことについて、債権者が積極的に確認することまでは義務付けていません。しかしながら、例えば、債権者が知っている主債務者の実際の経済状況などから考えて、リスクが高く、およそ第三者が保証をするとは考え難いという場合、主債務者が情報を提供しなかったことを「知ることができた」と評価される可能性があります（保証ＱＡ68頁）。

このような考え方によれば、設問のように決算書上は資産超過でも実質債務超過で、そのことについて債権者も認

識していた場合で、第三者が保証するとは考え難いというほどの状況であったときは、事実と異なる情報提供によって保証の申込みまたは承諾の意思表示がなされ、かつ、債権者が事実と異なる情報提供を知ることができたものとして、保証人から保証契約を取り消される可能性があります。

Q45 主債務の免責的債務引受に際して、保証人の承諾を得るとき、主債務者（免責的債務引受者）は保証人に対して情報提供義務を負うか

今後の実務や裁判例の動向を見守る必要があります。

解説

免責的債務引受の対象となる主債務に保証債務を移転させる場合、あらかじめまたは同時に、引受人に対して移転をさせる旨の意思表示を行うほか（新法472条の4第2項・第3項）、書面による保証人の承諾が必要となります（同条4項）。これは、保証契約の要式行為性（書面性要件。改正前民法446条2項）と平仄を合わせたものと説明されています。

新法472条の4に基づいて保証を引受債務に移転することは、新たな保証契約の締結ではないことを理由に、この保証人の承諾については保証契約締結時の情報提供義務の規定は直接適用されないとも考えられます。

他方、（免責的債務引受の対象となる主債務に保証債務を移転させる場合には）改めて保証の方式を踏まなければならないとする考えも見られます。このような考えでは、新法

465条の10や新法465条の６等の保証の規定に基づく手続まで改めて必要になる可能性があります。

これらの点については、類推適用の可能性も含め、現時点で公的見解や確立した考えはまだ見当たらないため、今後の実務や裁判例の動向を見守る必要があります。

Q46 保証人にとって不利益になる主債務の条件変更を行う場合、不利益部分について「(新たな) 保証の委託」があると判断されて、変更時に主債務者の情報提供義務が生じることがあるか

条件変更時に、改めて保証契約締結時の情報提供義務を負うものではないと思われますが、類推適用の可能性も含めて今後の実務や裁判例の動向を見守る必要があります。

解説

保証債務の目的または態様を加重するように主債務の内容を変更し、その効力を保証人にも及ぼすには、保証人の同意を得なければなりません(新法448条2項)。

この同意は、合意による保証契約の更新とは異なり、保証人は新たに保証契約を締結するものではないと解釈すれば、再度、主債務者から保証人に対して契約締結時の情報提供を行う必要はないようにも思われます。しかし、加重部分については実質的に新たに保証契約を締結しているとも解釈し得るため、類推適用の可能性も含めて今後の実務や裁判例の動向を見守る必要があります。

Q47 身元保証契約書には、必ず極度額を記載しなくてはならないのか。極度額を記載するときには、金額はいくらと記載すべきか

締結する身元保証契約が民法上の保証契約の性質を有しないものであるときは、極度額を定めなくても効力を認められる可能性があります。極度額の定め方については民法上の規制はないものの、公序良俗や信義則に反しないことはもちろん、保証人の返済可能な範囲内の金額とすることが望ましいと考えられます。

解説

一般に、身元保証契約には、①従業員が雇用者に対して負う損害賠償債務を保証する民法上の保証契約の性質を有するものと、②従業員が雇用者に対して損害賠償債務を負うか否かにかかわらず身元保証人がその賠償義務を負うという性質を有するものとがあるといわれています。②の特徴は、故意や過失がなく従業員が損害賠償責任を負わない場合など主債務が存在しない場合であっても、身元保証人には会社の被った損害を保証させるという点にあります。このように、主債務が存在しなくても身元保証人に損害の填補を求める契約を損害担保契約といいます。

身元保証契約が民法上の保証契約の性質を有するものである場合には、個人根保証契約に関する各規定が適用されますが、今後の実務や裁判例によっては、損害担保契約である身元保証契約についても極度額を定めないときには無効との解釈が実務上定着する可能性もあり、注視の必要があります。

また、極度額の定め方については民法上の規制はないため、公序良俗や信義則に反するものでない限り、基本的にはいかなる金額を定めることも可能です。しかし、今般の改正の趣旨が保証人の責任が過大なものとなることを防止するためであることからすると、根保証契約の極度額は、保証人の資力等を勘案して合理的な金額とすべきであり、保証人の支払能力を明らかに上回る極度額とすることは実務上避けるべきです（保証ＱＡ85頁）。

Q48 為替取引、デリバティブ取引で発生する債務を主たる債務の範囲に含む根保証契約を締結するには、どのような対応が必要か

極度額を定める等の対応が新たに必要となる場合があります。

解説

改正前から、主たる債務の範囲に貸金等債務を含む個人根保証契約（個人貸金等根保証契約）では、極度額を定めることとされていました（改正前民法465条の２）が、主たる債務の範囲に貸金等債務を含まない個人根保証契約についてはそのような制限はありませんでした。

新法465条の２第２項では、個人根保証契約については、全て極度額を定めなければその効力を生じないこととされましたので、施行日以後に締結する個人根保証、例えば、為替デリバティブの解約清算金等の債務や、リース契約に係るリース料支払債務等を主債務とする個人根保証においても、極度額を定める等の対応が必要になります。

また、新法465条の10第１項は、「主たる債務の範囲に事業のために負担する債務が含まれる根保証」については主債務者から個人の保証予定者に対して、主債務者の財産状

況等の情報提供をするよう求めています。実務対応としては、為替取引やデリバティブ取引などによる「事業のために負担する債務」が主債務である場合には、主債務者に対し、個人の保証予定者に対する保証契約締結時の情報提供義務があることを債権者から説明し、この義務を履行したこと等について、主債務者と保証人から表明保証を得ておくことが考えられます。

Q49 いわゆる絶対効特約による合意の対象は、履行の請求に限定せず、債務承認を含め他の事由も対象とするべきか

消費者契約法10条等の他の法令の趣旨も踏まえた上で、慎重な判断を要します。

解説

新法441条（新法458条が連帯保証に準用）は、連帯債務者（連帯保証人も含む）の一人に生じた事由は原則として他の連帯債務者（連帯保証人、主債務者）に対してその効力を生じないものとした上で（相対的効力の原則）、債権者と他の連帯債務者（主債務者と他の連帯保証人）が合意したときは、他の連帯債務者（主債務者と他の連帯保証人）に対する効力はその合意の内容に従うとしています。そのため、本来、相対的効力とされている事項についても、当事者間で合意することにより、絶対的効力とすること（いわゆる「絶対効特約」）が可能です。

しかしながら、履行の請求以外の事由（例：債務承認）まで絶対効特約の対象とすべきか否かについては、消費者契約法10条等、他の法令の趣旨も踏まえた上で、慎重な判断を要します。

Q&A 保証の新実務

2020年5月12日　第1刷発行

著　者　児　島　幸　良
　　　　北　川　展　子
　　　　寶　田　圭　介
発行者　加　藤　一　浩

〒160-8520　東京都新宿区南元町19
発　行　所　一般社団法人 金融財政事情研究会
企画・制作・販売　株式会社 き ん ざ い
編 集 室　TEL 03(3355)1713　FAX 03(3357)3763
販売受付　TEL 03(3358)2891　FAX 03(3358)0037
URL https://www.kinzai.jp/

DTP・校正:株式会社友人社／印刷:三松堂株式会社

ISBN978-4-322-13547-3